W0192029

*Autoren*

*Dr. William Nagler* gilt als einer der führenden amerikanischen Psychotherapeuten im Bereich der Erforschung und Behandlung von zwischenmenschlichen Problemen und von Beziehungsfragen. Er studierte an den Universitäten von Michigan und Kalifornien sowie in Harvard und ist ein vielgefragter Gast in Talk-Shows und Fernsehmagazinen.

*Anne Androff* hat sich in zahlreichen wissenschaftlichen Studien mit der Erforschung der Grundlagen und Voraussetzungen erfüllter dauerhafter Beziehungen beschäftigt. Sie hat lange Jahre mit William Nagler zusammengearbeitet.

# William Nagler · Anne Androff

# Die sechs schmutzigen kleinen Regeln der Liebe

Aus dem Amerikanischen
von Eva L. Wahser

Mit Illustrationen
von Erich Rauschenbach

**GOLDMANN VERLAG**

Deutsche Erstveröffentlichung

Die amerikanische Originalausgabe erschien unter dem Titel
»The Dirty Half Dozen. Six Radical Rules to Making Relation-
ships Last«
bei Warner Books, Inc., New York

Der Goldmann Verlag
ist ein Unternehmen der Verlagsgruppe Bertelsmann

Made in Germany · 2/92 · 1. Auflage
Copyright © 1991 by William Nagler, M.D., and Anne Androff
All rights reserved
This edition published by arrangement with
Warner Books, Inc., New York
Copyright © der deutschsprachigen Ausgabe 1992
by Wilhelm Goldmann Verlag, München
Umschlaggestaltung: Design Team, München
Umschlagillustration: Erich Rauschenbach
Satz: Uhl + Massopust, Aalen
Druck: Presse-Druck, Augsburg
Verlagsnummer: 41209
Lektorat: Regina Kammerer/G.R.
Herstellung: Ludwig Weidenbeck
ISBN 3-442-41209-9

Zur Erinnerung an J. V. M.,
die mir das Denken beigebracht hat

# Inhalt

# Einleitung

Lisa war eine erfolgreiche Maklerin und außerdem eine intelligente, liebevolle und sehr attraktive Frau. Ich war Psychotherapeut, und unsere gemeinsame Beziehung ging mir über alles. Jedes Thema wurde zwischen uns offen und ehrlich ausdiskutiert, jeder Tag gemeinsam verbracht. Wir bemühten uns wirklich um eine dauerhafte Beziehung.

Lisa und ich lebten fast fünf Jahre zusammen, aber am Ende war es die Hölle – zumindest habe ich in meinen fünfunddreißig Jahren nichts Schlimmeres erlebt. Zu guter Letzt unterhielten wir uns nicht mehr, wir brüllten uns nur noch an. Statt vernünftiger Diskussionen gab es wütende Auseinandersetzungen, und von Liebe war auch nicht mehr die Rede. Die hatte sich auf reinen Sex reduziert, und das machte keinem von uns Spaß.

Ungefähr nach unserem ersten Jahr zusammen fingen die Probleme an. Allmählich fanden wir es beide nicht mehr so interessant, möglichst oft miteinander zu schlafen. Unsere Sturm-und-Drang-Zeit näherte sich ihrem Ende. Wir vermuteten dahinter ein tiefgreifendes Problem und suchten Rat bei einem Fachmann.

Der Vorschlag unseres Therapeuten hieß: Diskussion total. Also zerrten wir unsere wechselseitigen Gefühle mit brutaler Ehrlichkeit ans Tageslicht und taten alles, um das Stadium des »ersten Verliebtseins« im täglichen Einerlei wiederzubeleben. Wir arrangierten romantische Wochenenden auf dem Land und wandelten unsere Mittagspausen zu einem häuslichen Schäferstündchen um. Wir befolgten alle Regeln, die normalerweise eine intime Atmosphäre und damit auch ein offenes, ehrliches Miteinander zwischen zwei Partnern garantieren. Und trotzdem wurde die ganze Sache nur noch schlimmer. Je mehr wir uns um Nähe bemühten, um so stärker drifteten wir auseinander. Kurz und gut, wir malträtierten unsere Beziehung zu Tode – aber das war uns damals noch nicht klar.

Meine Beziehung zu Lisa zerbrach vor fünf Jahren, und zur selben Zeit kam mir die Idee zu diesem Buch. Ich wollte verstehen, wie es dazu hatte kommen können. Schließlich hatten wir doch alle erprobten Ratschläge der Psychologie beachtet. Aber anstelle einer positiven Veränderung waren am Schluß nur noch grenzenloser Haß, Wut und tiefer Schmerz übriggeblieben. Jetzt wollte ich unbedingt den Grund für diese Entwicklung herausfinden. Ich mußte einfach wissen, warum die Sache schiefgelaufen war, obwohl wir alle Lehrweisheiten befolgt hatten.

Gab es in meiner eigenen Praxis etwa ähnliche Fälle? Ich fing zu recherchieren an. Da waren zum Beispiel Tami und Scott. Obwohl die beiden sich heiß und innig liebten, gab es regelmäßig heftigen Streit. Sie kamen zu mir, weil sie wußten, daß sie nur dann wieder zusammenfinden würden, wenn die ewigen Auseinandersetzungen ein Ende hätten. Also brachte ich ihnen bei, wie sie offen und ehrlich miteinander reden konnten. Ein Jahr später hatten sie die Scheidung eingereicht.

Judy und Billy brauchten Hilfe, weil sie sich nicht über die finanzielle Seite ihrer Beziehung einigen konnten. Ich brachte ihnen bei, die Kosten zu teilen und Kompromisse zu schließen, und schickte sie dann wieder nach Hause. Innerhalb von sechs Monaten war auch ihre Beziehung kaputt. Meine Karteikästen waren randvoll mit Menschen, die ich auseinandergetrieben hatte. Und das alles nur, weil ich ihnen mit traditionellen Lehrweisheiten gekommen war, die sie angeblich wieder zusammenbringen würden. Offensichtlich war das der springende Punkt.

Schließlich traf ich auf eine Patientin, die meinen festgefahrenen Psychologenverstand zum Nachdenken brachte. Terri war seit acht Jahren glücklich verheiratet, hatte aber kürzlich trotzdem eine vorübergehende Affäre mit einem anderen Mann gehabt. Ihr Liebhaber war ein blendend aussehender Modedesigner, sehr romantisch und liebevoll − eine aufregende Alternative für eine leicht gelangweilte Hausfrau mit einem vielbeschäftigten Mann und zwei kleinen Kindern. Aber schon nach ein paar Nachmittagen mit ihrem neuen Liebhaber war Terri klar, daß dieser Mann doch nicht ihren Wünschen entsprach. Terri sehnte sich nach ihrem Mann und ihrer Familie, deshalb beendete sie kurz entschlossen die Affäre.

Terri wurde von Schuldgefühlen zerfressen. Sie fühlte sich hundeelend. Um ihr Gewissen zu erleichtern und wieder mit ihrem Mann ins reine zu kommen, wollte sie ihm alles beichten. Zuerst unterstützte ich sie darin, denn genau das entsprach ja einem offenen, ehrlichen Verhalten. Aber dann beschäftigte ich mich intensiver mit ihrem Problem. Und dabei kam mir eine ganz andere Idee. Terri und ihr Mann hatten ja gar kein kaputtes Verhältnis, im Gegenteil. Beide kamen gut miteinander zurecht. Sie hatten eigentlich eine phantastische Beziehung. Terris Affäre war nicht das Ergebnis einer problematischen Beziehung gewesen, sondern eine spontane, unüberlegte Handlung. Welchen Sinn hätte also ein Geständnis? Was würde dann aus Terris Beziehung zu ihrem Mann? Wahrscheinlich würde sie zerbrechen. Ihr Mann wäre verletzt und wütend, und möglicherweise würden seine Rachegefühle jeden Wunsch, ihr zu verzeihen, unterbinden. In dem Moment dämmerte es mir, daß in diesem Fall absolute Ehrlichkeit gerade *nicht* am Platze war.

Also erklärte ich Terri folgendes: »Sie haben mir Ihre Affäre in allen Details geschildert, und das war auch gut so, aber erzählen Sie das um Himmels willen nicht Ihrem Mann.« Daraufhin herrschte ziemlich lange Schweigen, und Terri starrte mich an, als käme ich von einem anderen Stern. Ich nahm als erster den Gesprächsfaden wieder auf und fragte: »Haben Sie eine Vorstellung, warum ich nicht möchte, daß Sie mit ihm darüber reden?« Keine Antwort und wieder Schweigen. »Haben Sie eine Ahnung, wie Ihr Mann auf Ihr Sündenbekenntnis reagieren wird? Welche Auswirkung wird diese Enthüllung Ihrer Ansicht nach auf Ihre gemeinsame Beziehung haben? Momentan kommen Sie doch beide gut miteinander aus«, erklärte ich ihr. »Sie hatten eine Affäre, die bereits wieder vorbei ist, und jetzt wissen Sie um so besser, was wirklich für Sie zählt.« Immer noch kam nichts von ihr. »Halten Sie Ihren Mund und leben Sie Ihr Leben weiter wie bisher.« Sie tat es tatsächlich, und ihre Beziehung hat den Zwischenfall verkraftet. Und damit wußte ich, daß ich endlich auf der richtigen Spur war.

Mit diesem Fall fing alles an. Danach versuchte ich mit allen Mitteln herauszufinden, warum ich trotz aller gegenteiliger Bemühungen meine eigene Beziehung und die von anderen Leuten ruiniert hatte. Zum ersten Mal in meiner beruflichen Laufbahn konzentrierte ich mich auf *inter*personelle Bezüge statt auf *intra*personelle, das heißt, ich lotete die zwischenmenschlichen Beziehungen aus, statt immer nur bei den jeweils betroffenen Personen nachzuhaken. Ich schaute mir einmal genauer an, was es wirklich bedeutete, offen und ehrlich miteinander zu reden, und was dabei tatsächlich für die Beziehungen heraussprang. Ich vergrub mich in die psychologische Fachliteratur, um zu eruieren, welche Untersuchungen und Feldstudien es bereits zum Thema angeschlagene Beziehungen gab und warum alle Rettungsversuche die Geschichte meistens nur noch verschlimmert hatten.

Ich durchforstete die psychologische Literatur aus drei Jahrzehnten und schlüsselte schließlich mit Hilfe eines Computerprogramms über tausend Fallbeschreibungen von erfolgreichen oder gescheiterten Beziehungen auf. Dabei entdeckte ich etwas Merkwürdiges: Alle gescheiterten Beziehungen paßten genau in ein Schema aus sechs grundlegenden Verhaltensmustern. Und zwar handelte es sich genau um jene Verhaltensweisen, die meine Psychologenkollegen und ich seit Jahren den Leuten förmlich eingetrichtert hatten. Wir hatten ihnen den guten Rat gegeben, alles zu tun, damit die romantischen Gefühle nicht einschliefen. Wenn schon Streit, dann wenigstens unter Beachtung aller Spielregeln. Probleme mußten ausdiskutiert werden. Das Wichtigste war immer die Wahrheit. Finanzielle Dinge sollten mit vernünftigen Kompromissen geregelt werden, und die Kleinigkeiten, die einem in jeder Partnerschaft auf die Nerven gehen, galt es, einfach zu ignorieren. Damit hatten wir unbeabsichtigt die Beziehungen endgültig unterminiert, die wir eigentlich hatten retten wollen. Unsere guten Ratschläge hatten die fatale Tendenz, Spannungen und Krisen hervorzurufen, die vorher noch gar nicht existiert hatten.

Jetzt hatte ich also die Daten von Paaren analysiert, die den konventionellen psychologischen Ratschlägen gefolgt waren – die logische Folge waren gescheiterte Beziehungen. Nun nahm ich die Paare näher unter die Lupe, die sich nicht um die konventionellen Ratschläge gekümmert hatten. Und hier machte ich nun eine noch viel verblüffendere Entdeckung: Menschen, die sich in ihren Beziehungen *nicht* bis ins letzte offen und ehrlich verhielten, kamen viel besser miteinander zurecht als solche, die sich immer nur die Wahrheit sagten. Ich fand heraus, daß Beziehungen zwischen »unehrlichen« Leuten viel glücklicher waren und obendrein länger hielten. Mir wurde klar, daß befriedigende, langfristige Beziehungen gerade *nichts* mit Liebe und Leidenschaft, Vertrauen, Romantik, Ehrlichkeit oder ständigem Beisammensein zu tun hatten – der totale Widerspruch zu allem, was ich gelernt und geglaubt hatte. Das einfache Geheimnis erfolgreicher Beziehungen bestand offensichtlich darin, miteinander auszukommen. Gute Beziehungen beruhten nicht darauf, daß jede Kleinigkeit offen besprochen wurde. Die einzige Voraussetzung dafür war lediglich ein für beide Seiten befriedigendes Zusammenleben.

Nun fiel es mir wie Schuppen von den Augen: Lisa und ich hatten ein ewiges Feuerwerk erwartet, und damit hatten alle Probleme angefangen. Wir hatten von immerwährender Leidenschaft geträumt, und genau das hatte unsere Beziehung scheitern lassen. Wir hatten an unserer Beziehung gearbeitet und alles getan, um die romantischen Gefühle zu erhalten – und genau das war der Anfang vom Ende gewesen. Aber so schlau war auch ich erst im nachhinein. Sicher waren wir nicht mehr so wild aufeinander gewesen wie in den ersten Tagen unserer Beziehung – aber genau damit hätten wir rechnen müssen. Kein Feuerwerk dauert ewig, und das soll es ja auch gar nicht. Aber ein zufriedenstellendes Zusammenleben kann von Dauer sein. Wir hatten uns wohlgefühlt und hätten es dabei belassen sollen. Erst als wir anfingen, an unserer Beziehung herumzubasteln und über jede Keinigkeit zu reden, wurde die Stimmung angespannt und feindselig. Die Therapie hatte dann das Faß zum Überlaufen gebracht. Künstlich erzeugte romantische Stimmungen und Schmusen nach Terminkalender waren verlorene Liebesmühe gewesen. Einziges Resultat: Spannungen und Trennung.

Ich mußte wieder an meine beiden Klienten Judy und Billy denken, die sich mit dem Geld abgeplagt hatten. Zur Verbesserung ihrer Lage hatte ich vorgeschlagen, sie sollten die Kosten teilen und Kompromisse schließen — und alles war nur noch schlimmer geworden. Der Zwang, über jede finanzielle Transaktion miteinander zu verhandeln, hatte sie auseinander getrieben. Ich hätte ihnen besser raten sollen, separate Konten einzurichten und die finanziellen Verpflichtungen genau zu halbieren. Vielleicht wären sie dann heute noch beisammen.

Und so bin ich allmählich dazu übergegangen, meine eigenen Beziehungen und meine Beratungstätigkeit aus einem neuen Blickwinkel zu betrachten. Von nun an predigte ich nicht mehr intimes Beisammensein, Offenheit, Ehrlichkeit und Diskussion total, sondern konzentrierte mich auf das, was wirklich ein Zusammenleben ermöglicht: *die Fähigkeit, mit dem Partner in einer entspannten Atmosphäre zu leben*.

Mein Rat an alle Klienten lautete von nun an: Haltet *nicht* um jeden Preis die romantischen Gefühle künstlich am Leben, redet *nicht* über jede Kleinigkeit und sagt bloß *nicht* ständig die Wahrheit. Ich ermutigte Menschen mit Beziehungsproblemen dazu, bei einem Streit auch mal *unfair* zu reagieren, in finanziellen Dingen *keine* Kompromisse zu schließen und sich auch nicht den Kopf über die vermeintlich wichtigen Dinge in ihren Beziehungen zu zerbrechen. Vielleicht klingt das alles ziemlich radikal, aber im Grunde genommen riet ich ihnen damit nur zu einem Verhalten, das ihnen dabei half, die zwischenmenschlichen Spannungen abzubauen. Ich machte meinen Klienten Mut, ihre Beziehungen eher realistisch als idealistisch zu sehen. Die perfekte Beziehung gibt es nicht — das sollte ihnen klar werden —, aber in einer entspannten Atmosphäre können sich durchaus glückliche und dauerhafte Beziehungen entwickeln. Ich bewies ihnen, daß meine unkonventionellen Regeln für eine dauerhafte Beziehung der Schlüssel sind, um die tatsächliche Ursache ihrer Probleme abzubauen: die Spannungen. Und ich merkte, wie sehr sich ihre Beziehungen verbesserten, sobald sie diese Regeln auf ihr Leben übertrugen.

Ich entdeckte also, daß Spannungen durch bestimmte Verhaltensweisen abgebaut werden können, Verhaltensweisen, mit deren Hilfe Menschen besser miteinander zurechtkommen können. Und genau von diesen Verhaltensweisen handelt dieses Buch. Fünf Jahre lang habe ich mich – in Theorie und Praxis – mit dem Problem beschäftigt, was hinter einer funktionierenden Partnerschaft wirklich steckt. Das Ergebnis waren letztendlich sechs Grundwahrheiten, die meiner Ansicht nach echte *Regeln* für erfolgreiche Beziehungen sind. Bei allen meinen Untersuchungen waren sie die entscheidenden Faktoren, die für eine glückliche und erfolgreiche Partnerschaft unerläßlich waren. Diese Regeln helfen den Partnern tatsächlich, Spannungen an den zentralen Punkten einer problematischen Beziehung zu reduzieren. Dazu gehört das intime Beisammensein ebenso wie Ehrlichkeit, offene Gespräche, Auseinandersetzungen und das Thema Geld.

Handelt es sich also bei den Regeln in diesem Buch um grausame Tricks, mit denen dem Partner übel mitgespielt werden soll? Sind sie nur geschickte Anleitungen zu Lug und Betrug, um selbst mit heiler Haut davonzukommen? Vielleicht scheint es auf den ersten Blick so, aber »Die sechs schmutzigen kleinen Regeln der Liebe« sind gerade keine fiesen Tricks, mit deren Hilfe sich eine kaputte Beziehung über Wasser halten kann. Nein, hier geht es um etwas entscheidend Neues: In diesem Buch soll Leuten geholfen werden, die wirklich entscheidenden Pluspunkte einer Beziehung zu erkennen und zu pflegen. Abstrakte Begriffe wie

»Romantik« und »Wahrhaftigkeit« hängen immer im luftleeren Raum. Dieses Buch wagt es, seinen Lesern die tatsächliche Bedeutung dieser Begriffe in einer real existierenden Partnerschaft vorzuführen. Meine Fragen lauten: Wie wird sich Ihrer Ansicht nach Ihr Partner fühlen, wenn er die Wahrheit erfährt? Welche Auswirkungen hat das auf Ihre Beziehung? Was ist wichtiger, die Wahrheit oder daß Ihre Beziehung überlebt? Sie haben die Wahl zwischen einer fairen Auseinandersetzung und dem Gefühl, daß zu Hause abends jemand auf Sie wartet – was ist Ihnen lieber? Möchten Sie lieber eine »ehrliche« Beziehung oder eine, die Sie auf Dauer zufrieden und glücklich macht? Es stimmt tatsächlich, daß glückliche Paare nicht ständig füreinander den Pausenclown spielen, sondern sich entspannen und die gegenseitige Gesellschaft genießen. So etwas wie faire Auseinandersetzungen gibt es bei ihnen nicht, sie wählen Zeit und Ort für ihre Duelle sorgfältig aus. Sie reden nicht über jede Kleinigkeit und sind auch nicht besessen von der Suche nach der Wahrheit, denn sie wissen ganz genau, daß absolute Offenheit unendlich viel Taktgefühl erfordern würde. In punkto Geld gibt es bei ihnen keine Kompromisse. Erfolgreiche Paare haben dieses Problem voll im Griff. Und schließlich zerbrechen sich Leute aus gut funktionierenden Partnerschaften nicht den Kopf über vermeintlich wichtige Dinge. Glückliche Paare achten vielmehr gezielt auf all die kleinen Dinge, um die es tagtäglich zwischen ihnen geht.

Diese Regeln dienen nicht dazu, Beziehungen durch radikale Veränderungen zu verbessern. Sie sollen lediglich dazu beitragen, Partnerschaften auf Dauer befriedigender zu gestalten. Das ganze Geheimnis heißt: Leben und leben lassen.

*Dr. William Nagler*
*Juni 1990*

# Die sechs schmutzigen kleinen Regeln

**Regel eins:**
Versuchen Sie nicht,
auf Dauer jung verliebt zu sein!

**Regel zwei:**
Versuchen Sie nie, im Streit fair zu sein!

**Regel drei:**
Reden Sie nicht über alles!

**Regel vier:**
Lernen Sie, im richtigen Augenblick zu lügen!

**Regel fünf:**
Geben Sie Ihr Geld nicht aus der Hand!

**Regel sechs:**
Trauen Sie dem Frieden nie!

## Regel eins

Versuchen Sie nicht,
auf Dauer jung verliebt
zu sein

Romantische Gefühle halten nicht ewig.

Das war schon immer so und wird auch nie anders sein.

Jeder Versuch, diese Entwicklung aufzuhalten, ist also zwecklos.

Sie möchten es aber unbedingt?

Na schön, dann werde ich Ihnen jetzt die beste Methode verraten, mit der Sie eine Beziehung – egal welcher Art – zerstören können: Versuchen Sie, auf Dauer jung verliebt zu sein.

Sobald das erste Herzklopfen nachläßt, gibt es kein Zurück.

Wer das romantische Stadium aus der Anfangszeit einer Beziehung mit aller Gewalt retten möchte, zerstört dabei mit Sicherheit auch noch den letzten Funken Gefühl.

## Leidenschaft vergeht

Liebe, Lust und Leidenschaft sind die Motoren der meisten Beziehungen, aber im Laufe der Zeit lassen sie immer mehr nach.

Jede Begeisterung muß abnehmen, damit das Leben weitergehen kann.

Nur dann wird wieder Energie frei, um sich auf andere wichtige Aspekte des Lebens konzentrieren zu können, zum Beispiel auf den Beruf oder auf Kinder.

Die größte Lust nimmt im Laufe der Zeit ab, und auch das Bedürfnis nach geistiger Herausforderung.

Selbst der Drang zur Karriere verebbt allmählich.

Die Zeit steht nie still, und deshalb verlieren die meisten Beziehungen – egal ob sexueller oder freundschaftlicher Natur – ihr leidenschaftliches Feuer.

Ein Funke davon bleibt immer, nur das große Feuerwerk erlischt allmählich.

## Begeisterung stirbt

Sie können nicht verhindern, daß Beziehungen ihren ersten Reiz verlieren.

Also versuchen Sie's erst gar nicht.

Jeder Versuch, das erste, aufregende Knistern in einer Beziehung wiederzubeleben, beschleunigt nur ihr Ende.

Spucken Sie nicht gegen den Wind, sondern lassen Sie die Dinge einfach geschehen.

Lassen Sie es zu, daß romantische Gefühle schwächer werden, daß die Leidenschaft stirbt und der erste Reiz vergeht.

Jede Leidenschaft verbraucht sich im Laufe der Zeit — egal, wie sehr Sie sich bemühen.

Es ist also besser, sie freiwillig gehen zu lassen.

# Spielen Sie nicht den Pausenclown

Kein Mensch kann für seinen Partner dauernd den charmanten Pausenclown und Alleinunterhalter spielen.

Niemand schafft es, aus seiner Partnerschaft ein ewiges Unterhaltungsprogramm zu machen.

Im Gegenteil, jeder Versuch ruiniert nur alles.

Denn irgendwann einmal ist auch Ihr Repertoire erschöpft.

Überlegen Sie:
Die meisten von uns können nur eine gewisse Anzahl neuer Einfälle aus ihren kleinen, grauen Zellen abrufen.

Folglich ist auch unser Repertoire an neuen Ideen, witzigen Bemerkungen und verblüffenden Aktionen begrenzt.

Nach einiger Zeit hat unser Partner alles erlebt, was es von uns zu sehen und zu hören gibt.

Nach einiger Zeit ist unser Vorrat an neuen Einfällen schlicht und ergreifend erschöpft.

# Der Schlüssel

Der Schlüssel für eine langfristige Beziehung heißt: weniger Spannungen.

Erfolgreiche, langfristige Beziehungen haben ein gemeinsames Kennzeichen: entspannter Umgang miteinander.

Wer Spannungen abbaut, leistet den entscheidenden Beitrag für eine dauerhafte und bessere Beziehung.

Trauern Sie den romantischen Gefühlen nicht hinterher. Erst dann kann das Leben wieder weitergehen.

Liebe, Lust und Leidenschaft sind nicht die wirkliche Basis für erfolgreiche Beziehungen.

Erfolgreiche Beziehungen haben nur eine Grundlage: weniger Spannungen.

# Entspannungstraining

Wenn Menschen entspannt sind und sich miteinander wohlfühlen, dann sind auch ihre Beziehungen von Erfolg gekrönt. Glückliche Paare haben sich diesen entspannten Zustand gegenseitig antrainiert.

Glückliche Paare haben gelernt, wie man beisammen sein kann, ohne das Geringste zu unternehmen. Gute Beziehungen haben nichts mit aufregenden Aktivitäten zu tun.

Gute Beziehungen bestehen darin, daß sich Menschen im selben Zimmer zur selben Zeit aufhalten und ohne großes Getue wohlfühlen.

Gute Beziehungen haben viel mit Beisammensein zu tun – und nur damit.

Also Schluß mit der Unterhaltungsshow für den Partner! Schluß mit künstlich angeheizten Beziehungen!

Ihr Partner und Ihre ganze Umgebung sollen sich entspannen.

Bringen Sie Ihrer Umgebung bei, die Dinge einfach mal laufen zu lassen.

## Unglückliche Paare

Unglückliche Paare sind wahre Meister in Sachen Spannung. Und obendrein haben sich diese Unglückswürmer längst an den Zustand gewöhnt.

Unglückliche Paare sind immer auf dem Sprung und wollen mit aller Gewalt etwas Aufregendes erleben. Dadurch schnellt ihr Spannungspegel in die Höhe, und anschließend sind sie dann noch unglücklicher.

Glück und Beziehungen haben aber nichts mit amüsantem Zeitvertreib zu tun.

Glück ist die Kunst, die Nähe des anderen zu genießen, und gar nichts anderes dabei zu tun.

Nur beisammen zu sein.

## Schluß damit

Hören Sie auf, aus Ihrer Beziehung eine Zirkusnummer zu machen!

Schluß mit der Illusion, daß alles immer nur Spaß macht!

Das tut es nicht.

Also lassen Sie die Finger davon.

Entspannen Sie sich lieber!

## Es war einmal ...

Es war einmal die schönste Zeit in Ihrem Leben: Ihre Eltern ließen Sie nach Belieben spielen, und Sie durften ganz Sie selber sein – das war damals, in Ihrer Kindheit.

Sie mußten nicht unbedingt etwas Besonderes auf die Beine stellen, Sie waren einfach nur glücklich.

Sie waren in Harmonie mit sich und konnten so die Nähe Ihrer Eltern genießen.

Sie waren da, und Ihre Eltern waren da – frei und ungezwungen.

Es gab weder Spannungen noch Streß oder Ängste, und auch keine Erwartungen.

Zwänge gab es nicht. Sie konnten ganz Sie selber sein.

Übertragen Sie dieses Prinzip einfach auf Ihre Beziehungen!

## Wo bleiben Liebe und Sex?

Sex und Liebe und erfolgreiche, beständige Beziehungen sind zwei verschiedene Paar Stiefel.

Sex macht Spaß,

und Liebe ist ein wunderbares Gefühl.

Es ist herrlich, wenn man mit jemandem schläft, den man liebt, oder jemanden liebt, mit dem man schläft.

Aber Sex und Liebe sind echte Störenfriede.

Beide erzeugen leidenschaftliche und erregende Gefühle – und das führt zu Spannungen.

Solange der Wunsch nach Sex und die verliebten Gefühle anhalten, sollte man sie intensiv genießen.

Ganz sicher läßt beides mal nach. Trotzdem wäre es ein fataler Irrtum, anzunehmen, daß damit auch die Beziehung beendet ist.

Versuchen Sie um Himmels willen nicht, leidenschaftliche und erregende Gefühle künstlich anzuheizen.

Jeder Versuch, romantische Gefühle zu konservieren, bewirkt nur das Gegenteil.

Genießen Sie den Reiz von Sex und Liebe, solange es geht.

Genießen Sie die leidenschaftlichen, prickelnden Gefühle, solange Sie können.

Hüten Sie Ihre Erinnerung daran wie einen kostbaren Schatz, und leben Sie dann bewußt mit ihnen weiter.

Sag mir erst, ob du mich auch wirklich
ganz, ganz toll liebst...

Also... ähem... um ganz ehrlich zu sein:
nein. Ich würde halt nur ganz einfach
unheimlich gern mit dir bumsen.

Na gottseidank! Da bin ich ja beruhigt.
Mir geht's genau so.

# Liebe und Sex gehören nicht zusammen

Liebe hat nichts mit Sex zu tun,

und Sex nichts mit Liebe.

Wer bewußt zwischen Liebe und Sex unterscheiden kann, hilft seiner Beziehung einen großen Schritt weiter.

Manche Menschen sind für uns sexuell attraktiv, obwohl wir keine nähere Beziehung mit ihnen eingehen möchten.

Fast jedem von uns ist es schon einmal passiert, daß ihn ein Mensch, den er gar nicht besonders gut leiden konnte, mehr oder weniger stark erregt hat.

Aber auch das gibt es: Man ist über beide Ohren verliebt, obwohl man mit dem anderen weder ins Bett gehen noch eine Beziehung aufbauen möchte.

Die meisten von uns haben sich ab und zu schon mal verliebt und dann gemerkt, daß der Wunsch nach Sex dabei keine oder nur eine geringe Rolle spielte.

Weder Sex noch Liebe sind also elementare Voraussetzungen für langfristige Beziehungen.

# Sex – was ist das?

Sex ist eine besondere Anziehungskraft zwischen zwei Menschen, ein biochemischer Prozeß, der durch ineinandergreifende, intensive Hormonausschüttungen gesteuert wird. Sexuelles Begehren ist animalisch und hängt von den Hormondrüsen ab.

Wer längere Zeit nicht schläft, wird müde.

Wer längere Zeit nichts ißt, bekommt Hunger.

Wer längere Zeit mit niemandem geschlafen hat, wird geil.

Der Sexualtrieb ist ein natürlicher, gesunder Teil des Lebens, ein automatischer, biochemischer Prozeß, der von Zeit zu Zeit abläuft.

Trotzdem verliert der eigene Partner im Laufe der Zeit sexuell seinen Reiz.

Das ist zwangsläufig so,
und Sie haben keine Chance, den Reiz zu erneuern.

Also lassen Sie gleich die Finger davon!

## Liebe – was ist das?

Auch die Liebe ist eine Anziehungskraft.

Liebe ist eine besondere Anziehungskraft zwischen zwei verwandten Seelen, die auf ähnlichen Wertvorstellungen, zueinander passenden Lebensumständen und gemeinsamen Verhaltensmustern beruht.

Liebe hat mit Emotion und Verhalten zu tun, aber nichts mit Sex.

Wer sich zu einem anderen Menschen hingezogen fühlt und dabei wie unter Starkstrom steht, der ist verliebt. Aber es ist ganz normal, daß selbst dieses intensive Gefühl, das man Liebe nennt, im Laufe der Zeit immer schwächer wird.

Das ist nicht aufzuhalten.

Und genau wie beim Sex haben Sie keine Möglichkeit, es zurückzuholen.

Also lassen Sie die Finger davon!

# Trauern Sie der Leidenschaft nicht hinterher

Jede Leidenschaft geht ihren eigenen Weg, und Sex und Liebe verblassen im Laufe der Zeit.
Ihr Partner kann unmöglich immer und ewig gleich reizvoll für Sie sein.
Und dagegen sind Sie völlig machtlos.
Also versuchen Sie's gleich gar nicht.

# Regel zwei

Versuchen Sie nie,
im Streit fair zu sein!

Faire Auseinandersetzungen sind ein Blödsinn.

Und eigentlich haben Sie ja auch gar keine Lust dazu.

Bei einem fairen Kampf treten zwei Parteien gegeneinander an, mit den gleichen Waffen und unter vorher akzeptierten Bedingungen.

Sie sollten das nicht nachmachen.

Die meisten Experten für »Beziehungskisten« empfehlen eine »faire« Auseinandersetzung als förderlichen Beitrag zur Klimaverbesserung.

Aber die haben keine Ahnung.

Das Problem bei einer »fairen« Auseinandersetzung ist, daß von vornherein ein Sieger und ein Verlierer feststeht. Und beide Positionen sind für langfristige Beziehungen äußerst ungünstig.

Also lassen Sie die Finger von fairen Auseinandersetzungen und kämpfen Sie mit unfairen Mitteln! Steigen Sie nicht in den Ring.

Verschwenden Sie Ihre Zeit nicht mit gepolsterten Handschuhen. Geben Sie auf, bevor es knallt.

Geben Sie nach.

Denn dann bekommen Sie, was Sie wollen: eine Beziehung, die hält.

## Geben Sie auf

Geben Sie auf.

Die meisten Dinge in Ihrer Partnerschaft sind wirklich keinen Krach wert.

Daran sollten Sie immer denken.

Sie *können* Streitereien vermeiden.

Damit verschwenden Sie doch nur Ihre kostbare Zeit.

Und außerdem springt nichts dabei heraus.

Denken Sie daran!

Damit es nicht zum Streit kommt, muß nur einer von Ihnen mit unfairen Mitteln kämpfen:

Es reicht, wenn einer von Ihnen nachgibt.

Nur einer von beiden muß einen Schritt zurück machen und den Weg freigeben – dann ist auf einmal niemand mehr zum Streiten da.

Faire Auseinandersetzungen sind ein Blödsinn.

Verschwenden Sie nicht Ihre Zeit damit.

Geben Sie auf.

Geben Sie nach.

Lassen Sie den Blödsinn.
Freiwillig.

# Lohnt sich dafür wirklich ein Streit?

Neunzig Prozent aller Auseinandersetzungen sind tatsächlich vermeidbar. Gehen Sie einfach mal einen Moment in sich und fragen Sie sich selbst: »Lohnt es sich wirklich, dafür zu streiten?«

Wenn Sie darauf mit »Ja« antworten, dann fragen Sie sich gleich noch einmal.

Die meisten Dinge in Partnerschaften sind es wirklich nicht wert.

Die meisten Dinge in Partnerschaften sind auch nicht lebenswichtig.

Folglich lohnt es sich nicht, darum zu streiten.

Seien Sie vorsichtig mit Auseinandersetzungen.

Bleiben Sie lieber Sieger in Ihrer Beziehung, bei Plänkeleien können Sie getrost verlieren.

Geben Sie dem Streit keine Chance.

# Scheuklappen

Konfliktvermeidende Aktionen und erfolgreiche Beziehungen verfolgen auf weite Strecken eine ähnliche Taktik: die der Scheuklappen.

Denn wer sucht, der findet.

Machen Sie sich also erst gar nicht auf die Suche.

Lassen Sie sich lieber Mittel und Wege einfallen, um aus dem Schlamassel wieder herauszukommen.

Jedes Wortgefecht bietet ein Stichwort und jeder Streit ein Hintertürchen, um sich auf französisch zu verabschieden. Sie müssen es nur finden.

Und bewahren Sie sich Ihren Sinn für Humor.

Er ist Ihre wirksamste Waffe, um Konflikte zu entschärfen und Auseinandersetzungen zu vermeiden.

Wenn sich die Gemüter erhitzen, reißen Sie einen Witz, sagen Sie etwas Albernes, oder tun Sie etwas Blödsinniges.

Nur sehen Sie zu, daß Sie unter allen Umständen aus der verfahrenen Situation herauskommen!

## Wenn Sie schon streiten ...

Sollte es trotz allem einmal krachen, und müssen Sie sich unbedingt Luft verschaffen, dann denken Sie wenigstens immer daran:

Sie sollten Ihre Auseinandersetzungen so kurz und begrenzt wie möglich gestalten.

Es liegt nur an Ihnen, ob aus Ihrer Beziehung ein Schlachtfeld wird.

Verlieren Sie nie den wahren Grund für Ihren Streit aus den Augen – und kämpfen Sie auch um nichts anderes.

Wer seine Beziehung schützen möchte, sollte sich unbedingt daran halten.

Wenn Sie schon verschiedener Meinung sind, dann streiten Sie sich nur über diesen einen Punkt, egal was es ist. Im Zentrum steht immer der gerade aktuelle Konflikt – und zwar ausschließlich.

# Essen Sie!

Das Mittel Nummer eins gegen Streitigkeiten heißt: Essen.

Wenn Sie beide vorher etwas essen, ersparen Sie sich eine Menge Konflikte in Ihrer Beziehung.

Denn in der Hälfte aller Fälle ist ein voller Magen die wahre Medizin gegen Streitereien fortgeschrittenen Grades. Die meisten Duelle finden nämlich zwischen Ihnen und Ihrem Blutzuckerspiegel statt.

Wenn der Blutzuckerspiegel sinkt, reagiert man knurrig und hat sich selbst nicht mehr im Griff.

Wenn der Blutzuckerspiegel sinkt, wird aus jeder Mücke gleich ein Riesenelefant.

Essen — egal was — hebt den Blutzuckerspiegel und damit auch die Toleranzgrenze.

Also essen Sie erst mal — egal was —, und Sie werden überrascht sein, was passiert.

Kein Streit vor dem Frühstück, denn jetzt ist der Blutzuckerspiegel im Keller.

Fürs Mittagessen gilt dieselbe Devise, und sie gilt selbstverständlich auch vor dem Abendessen.

# Der wunde Punkt

Zu bestimmten Tageszeiten reagiert man besonders empfindlich. Der Blutzuckerspiegel ist im Keller.

Ohne es zu wissen, haben Sie sich einfach nicht mehr im Griff. Der Grund: Ein niedriger Blutzuckerspiegel setzt Adrenalin frei.

Und Adrenalin verkürzt den Geduldsfaden, läßt Gemüter explodieren und reduziert den gesunden Menschenverstand auf ein Minimum.

Also bitte keine Auseinandersetzungen auf nüchternen Magen. Das gilt übrigens für beide Partner.

Anschließend wird sich meistens wenigstens einer daran erinnern, daß er eigentlich gar nicht streiten sollte. Und mindestens einer wird den berühmten Schritt zurück machen können und sich die alles entscheidende Frage stellen: »Lohnt es sich wirklich, dafür zu streiten?«

Normalerweise lautet die Antwort − nein.

## Morpheus als Seelentröster

Achten Sie darauf, daß Sie beide genug Schlaf bekommen.

Über fünfzig Prozent aller modernen Großstadtmenschen leiden heutzutage unter leichten bis mittleren Schlafstörungen.

Und das wirkt sich nachhaltig auf die Beziehungen aus. Schlafstörungen setzen Adrenalin frei, und damit beginnt derselbe verrückte Kreislauf wie beim niedrigen Blutzuckerspiegel.

Menschen reagieren auf Schlafmangel wütend, gereizt und irrational – genau wie beim niedrigen Blutzuckerspiegel. Wenn einer von Ihnen noch wach genug ist, um sich daran zu erinnern, daß er eigentlich nicht streiten sollte, reicht das völlig.

Dagegen fällt es einem müden Menschen ziemlich schwer, nicht zu streiten.

Ein müder Mensch kann nicht klar denken, ist nicht voll funktionsfähig und kann auch keine vernünftigen Entscheidungen mehr treffen.

Wer Streit vermeiden will, sollte sich vorher ausruhen. Schlaf ist der größte Seelentröster der Welt.

Schlaf ist für Menschen lebensnotwendig und obendrein die Garantie dafür, daß wir uns wie menschliche Wesen aufführen.

Schlafen Sie darüber.

Scheinbar unvermeidliche Konflikte sind am nächsten Morgen oft wie weggeblasen.

Äbäh! Das ist ja unerträglich!
Nicht mal die einfachsten Sachen klappen bei dir!
Niete!
Versager!!
Null!!!
Gehe ich recht in der Annahme, daß du genau das alles heute von deinem Chef zu hören bekommen hast?

# Am falschen Ort zur falschen Zeit?

Oft kommt es aber auch zum Krach, weil sich beide am falschen Ort zur falschen Zeit aufhalten.

Ihr Partner hatte beispielsweise einen schlechten Tag im Büro, kommt heim und läßt seine Wut an Ihnen aus.

Dieser Streit hat dann nichts mit Ihnen zu tun oder mit dem, was Sie tun.

Sie waren lediglich am falschen Ort zur falschen Zeit – und dann hat's halt gekracht.

Sie sind nur der Blitzableiter für den aufgestauten Ärger und die Frustrationen Ihres Partners.

Für etwas Wildfremdes also.

Aber Sie stehen gerade praktisch im Wege und werden deshalb als Sündenbock mißbraucht.

Der wahre Grund für Ihren Krach tritt dabei gar nicht zutage.

Denn eigentlich geht's doch darum, daß Ihr Partner wütend und frustriert ist.

Also um ganz andere Dinge.

Sehen Sie also zu, daß Sie aus diesem Schlamassel herauskommen. Unter allen Umständen.

# Regel drei

---

## Reden Sie nicht über alles!

Treten Sie nicht jede Kleinigkeit breit.

Wir leben in einer Zeit, die es mit der Kommunikation schamlos übertreibt.

Man erwartet von uns, alles und jedes in Diskussionen erschöpfend zu bearbeiten und eine Lösung dafür zu finden. Aber oft genug ist es keine Lösung, wenn man Dinge breittritt, und meistens hilft es auch nicht weiter.

Für einige Probleme ist es sogar *absolut tödlich,* wenn man über sie spricht.

Nur ein Beispiel: Zwei Partner vertreten in Sachen Abtreibung verschiedene Standpunkte. Sie sind absolut für das Selbstbestimmungsrecht der Frau und Ihr Partner genauso strikt dagegen. Wahrscheinlich wird keine Diskussion der Welt eine für beide Seiten befriedigende Lösung bringen.

Im Gegenteil, jedes Gespräch wird die Fronten eher noch verhärten und für noch mehr Spannungen sorgen.

Wenn Sie unbedingt wissen wollen, welche Position Ihr Partner bezieht, sprechen Sie die Frage an und wechseln Sie dann das Gesprächsthema.

Sie müssen schließlich nicht über alles und jedes diskutieren.

## Halten Sie sich zurück

Diskutieren Sie nicht, um etwas zu verändern.

Warten Sie lieber ein bißchen, vielleicht sogar eine Woche.

Wenn's unbedingt sein muß, dann reden Sie wenigstens nicht gleich drauflos.

Lassen Sie eine Weile die Finger davon.

Lassen Sie die Dinge sich von selber entwickeln.

Vieles verändert sich im Laufe der Zeit, und die Wogen glätten sich wieder.

Erst dann ist es Zeit zum Reden – wenn überhaupt.

# Jetzt? Sofort?

Fragen Sie Ihren Partner: »Müssen wir wirklich jetzt sofort darüber reden?«

»Wirklich?«

»Unbedingt?«

»Jetzt sofort?«

»Bist du ganz sicher?«

Vermutlich lautet die Antwort, daß es jetzt im Moment doch nicht so dringend ist.

Also bestehen auch Sie nicht darauf.

So kommen Sie auf lange Sicht besser davon.

Viele Dinge werden durchs Reden nur noch schlimmer, weil es keine eindeutige Lösung gibt und jedes Gespräch nur die Spannung zwischen den Partnern erhöht.

Es ist wirklich nicht nötig, daß man über jede Kleinigkeit diskutiert.

Sie stehen besser da, wenn einiges nicht zu Tode diskutiert wird.

Vermeiden Sie möglichst Themen wie Politik, Moral und Religion. Wenn Sie neugierig sind, dann klären Sie Position und Ansichten Ihres Partners ab, aber lassen Sie sich um Himmels willen auf keine Grundsatzdiskussionen ein.

Sie werden nie in allen Punkten mit Ihrem Partner übereinstimmen, das ist einfach nicht möglich.

Je intensiver die Diskussionen über Moral sowie politische und religiöse Grundsätze und Wertvorstellungen ausfallen, um so angespannter wird die Lage.

Reden Sie also Ihre Beziehung nicht um Kopf und Kragen.

# Nicht immer Dampf ablassen

Wer ständig Dampf abläßt oder jedes Thema ganz offen und ehrlich und unverblümt anspricht, macht normalerweise alles nur noch schlimmer.

Bei den meisten Dingen bildet man sich nur ein, man müsse unbedingt darüber reden. In Wirklichkeit ist das Gegenteil der Fall.

Denken Sie mal darüber nach.

Sie diskutieren doch auch nicht alles mit fremden Leuten. Dafür besteht ja auch gar keine Notwendigkeit. Denn in einigen Punkten werden Sie immer anderer Meinung sein.

Also bleiben einige Dinge am besten ungesagt und undiskutiert.

Ihr Partner ist wesentlich besser dran, wenn er einiges nicht weiß.

## Abstand halten

Jeder Mensch braucht Zeit zum Alleinsein.

Sie brauchen Abstand, um bei sich selbst zu sein und zu sich selbst zu finden.

Sie brauchen Zeit, um Dampf abzulassen — und zwar allein.
Sie brauchen Platz, ein eigenes Territorium, Ruhe.
Sie brauchen ab und zu Zeit nur für sich allein.

Und Ihr Partner ebenso.

Geben Sie Ihrem Partner die Freiheit, allein zu sein.

Gönnen Sie sich selbst das Vergnügen, das Alleinsein zu genießen.

Es tut Ihnen beiden gut.

## Locker lassen

Hören Sie auf, sich abzustrampeln.

Wer versucht, seine Beziehungen bis ins kleinste Detail zu perfektionieren, versetzt ihnen garantiert den Todesstoß.

Also hören Sie auf, die Dinge mit aller Gewalt verbessern zu wollen.

Hören Sie einfach auf damit.

Unternehmen Sie mal zur Abwechslung gar nichts.

Lassen Sie den Dingen ihren Lauf.

Je weniger Sie sich abstrampeln, um so anziehender werden Sie für Ihre Umgebung, um so lieber sucht man Ihre Nähe.

Es wirkt wesentlich besser, wenn Sie von vornherein darauf verzichten, Eindruck zu schinden und weder das bescheidene Schaf spielen noch sich auf Teufel komm raus einschmeicheln.

Warum?

Weil Sie Spannungen abbauen, indem Sie den Dingen einfach ihren Lauf lassen.

Weißt du noch, wie ich vor 5 Jahren beschloß, ein Buch über meine Internats-Jahre zu schreiben?
Damit gelang es mir, mich selbst endgültig von meinem Lehrer-Trauma zu befreien.
Danach kam das Buch über die historischen Greueltaten der Kirche.
Damit hab ich mich ein für alle Mal vom Ballast meiner religiösen Erziehung befreit.
Und vor zwei Jahren kam dann der autobiografische Roman über meine Mutter-Tochter-Bindung...
Das war endlich der längst überfällige Befreiungsschlag von meiner Mutter!
Was hältst du davon, wenn ich als nächstes ein Buch über unsere Zweierbeziehung schreibe?

# Es geht auch ohne Imponiergehabe

Hören Sie auf damit, Ihrem Partner ständig gefallen, ihn beeindrucken oder ihn verbessern zu wollen.

Es ist viel leichter, mit Ihnen auszukommen, wenn Sie sich nichts Derartiges in den Kopf gesetzt haben.

Übrigens sind wir da alle gleich.

Hunderte von Leuten haben schon versucht, ihre Beziehungen zu verbessern, und sie dabei buchstäblich in Grund und Boden gestampft.

Sie wissen jetzt auch warum.

Also lassen Sie den Quatsch.

# Anfang und Ende

Jeden Morgen und jeden Abend kommt der wirklich kritische Moment für alle Beziehungen.

Denn diese Tageszeiten scheinen förmlich darauf zu warten, daß mit aller Gewalt etwas Entscheidendes passiert.

Lassen Sie es nicht soweit kommen.

Entspannen Sie sich.

Nehmen Sie sich Zeit, um Ihrer Beziehung neuen Schwung zu geben.

Nehmen Sie sich Zeit für einen guten Start in den Tag und für einen guten Ausklang.

Aber lassen Sie die Streitereien, lassen Sie das Jammern und die ganze Kritisiererei.

Morgens und abends sollten Sie am besten gar nichts tun.

## Bitte keine negative Einstellung

Am frühen Morgen und zu nachtschlafender Zeit sollte man eine negative Einstellung möglichst vermeiden.

Gehen Sie ihr aus dem Weg, wenn Sie sich nach einem langen Arbeitstag wiedersehen.

Stellen Sie Ihre gemeinsame Zeit unter einen positiven Aspekt.

Nehmen Sie sich Zeit für neue Anstöße in Ihrer Beziehung.

Nehmen Sie sich Zeit, wieder freundschaftlich aufeinander zuzugehen.

Seien Sie liebenswürdig.

Machen Sie Komplimente und bemühen Sie sich um ein bißchen Lob.

Nehmen Sie Rücksicht.

Unterhalten Sie sich ein wenig, und lassen Sie die kritischen Momente einfach vorübergehen – wohlbehalten und entspannt.

## Entscheidende Augenblicke

Anfangs- und Endpunkte sind die entscheidendsten Augenblicke jeder Beziehung.

Nützen Sie diese Momente, um Spannungen abzubauen und den richtigen Ton für Ihre gemeinsam verbrachte Zeit zu finden.

Bemühen Sie sich, nett zu sein.

Halten Sie sich mit Kritik zurück.

Versuchen Sie nicht, etwas zu verbessern oder zu verändern, und unterlassen Sie alle Hilfsangebote.

Wenigstens zehn Minuten lang.

## Erstes Rendezvous

Niemand beginnt ein erfolgreiches erstes Rendezvous oder eine vielversprechende Geschäftsbeziehung oder sonst einen erfolgreichen Start mit Kritik oder Jammern und sicher auch nicht damit, daß er sein Gegenüber zu verändern sucht.

So funktioniert das im Leben nun mal nicht.

Und bei Beziehungen ist es genauso.

Erfolgreiche Beziehungen haben einen guten Anfang und ein gutes Ende –

und das jeden Tag aufs neue.

Deshalb sollten Sie sich genug Zeit für einen guten Start und einen ebensolchen Ausklang nehmen.

Das heißt aber nicht, daß Sie um Anfang und Ende ein besonderes Getue machen müßten.

Ganz im Gegenteil.

Betrachten Sie diese Tagesabschnitte als geeignete Zeitpunkte, um Spannungen abzubauen.

# Regel vier

## Lernen Sie, im richtigen Augenblick zu lügen!

Sagen Sie nicht immer die Wahrheit,

lernen Sie, im richtigen Augenblick zu lügen.

Denn die Wahrheit erfordert völlige Ehrlichkeit, und
völlige Ehrlichkeit verlangt unendlich viel Taktgefühl.

Beides ist unmöglich.

Und keines von beidem existiert in Wirklichkeit.

Also schwindeln Sie ruhig ein wenig.

So genau will und muß Ihr Partner Ihre Gefühlslage
und Ihre Gedanken gar nicht kennen.

## Weg mit den Spannungen

Wer ganz offen und ehrlich ist, entschärft nicht die angespannte Lage.

Absolute Ehrlichkeit widerspricht jeglicher Vernunft.

Ehrlichkeit ist unrealistisch, und die Wahrheit hinterläßt bei den Leuten einen schlechten Nachgeschmack.

Also nichts wie weg mit diesen Beziehungskillern.

Verbergen Sie die Wahrheit.

Und suchen Sie sich dafür ein passendes Kostüm.

»Habe ich zugenommen?«

»Ich finde, du siehst klasse aus.«

Sagen Sie bloß nicht die Wahrheit, Ihr Gegenüber würde sich nur schlecht fühlen.

»Sehe ich älter aus?«

»Du siehst phantastisch aus.«

Ziehen Sie sich elegant aus der Affäre, um Ihre Beziehung zu retten.

»Ich sehe doch schauderhaft aus, findest du nicht?«

»Im Gegenteil, du siehst gut aus.«

Sehen Sie zu, daß Sie die Situation taktvoll in den Griff bekommen.

## Kritik unerwünscht

Niemand will und mag es, wenn er kritisiert wird.

Auch Ihr Partner nicht.

Es ist völlig unnötig, daß Ihr Partner in jedem Punkt die Wahrheit hört oder sieht.

Viele Wahrheiten bleiben am besten undiskutiert, un- gesagt und unbesprochen.

Denn oft wirkt die Wahrheit nur verletzend und macht alles noch schlimmer.

Ihr Partner interessiert sich gar nicht für die Wahrheit. Was hätte er schon davon.

# Keine Rechtfertigungen

Und hören Sie um Himmels willen mit dem Nachgrübeln über das »Warum« auf.

Den anderen ist es im Grunde genommen egal, warum Sie etwas so und nicht anders gemacht haben, oder warum nicht.

Das »Warum« spielt keine Rolle.

Begründungen für ein »Warum« bauen weder Spannungen ab, noch geben sie anderen Menschen ein gutes Gefühl.

Sie sind lediglich nutzlose Rechtfertigungen. Hören Sie auf damit.

Die anderen Leute sind auf Ihre Erklärungen längst nicht so angewiesen, wie Sie sich einbilden.

## »Warum« ist keine Frage

Fragen Sie auch bitte niemanden »Warum?«.

Die Leute wissen es nicht, und außerdem ist es ihnen egal.

Fragen mit »Warum?« hinterlassen bei den anderen nur ein schlechtes Gefühl.

Man findet darauf keine Antwort, ohne sich selbst mies vorzukommen.

Fragen mit »Warum?« sind diskriminierend.

Fragen mit »Warum?« verlangen eine Beurteilung – und keiner läßt sich gern freiwillig beurteilen.

»Warum hast du dies getan?«

»Warum hast du jenes getan?«

Sie wissen es doch oft selbst nicht,
also fragen Sie auch nicht danach.

## Fragen Sie lieber »Was?«

Beginnen Sie Ihre Fragen lieber mit dem Wörtchen »Was?«.

Fragen mit »Was?« sind einfach.

Darauf gibt es nämlich immer eine Antwort.

Solche Fragen hinterlassen auch kein schlechtes Gefühl bei anderen Menschen.

»Was ist passiert?«

»Was ist hier los?«

Fragen mit »Was?« verlangen eine realistische Darstellung von Fakten, einen Bericht über das, was tatsächlich passiert ist.

Fragen mit »Was?« verlangen eine Beschreibung und keine Beurteilung.

# Weil ich ein schrecklicher Mensch bin

Meistens lautet die Antwort auf Fragen nach dem »Warum« so oder ähnlich: »Weil ich ein schrecklicher Mensch bin. Weil ich persönlich versagt habe und eigentlich erschossen werden sollte.«

Mit den Fragen nach dem »Was« ist das ganz anders.

Die Antwort auf die meisten Fragen nach dem »Was« lautet gewöhnlich so oder ähnlich: »Na ja, folgendes ist passiert, und dann kam noch jenes hinzu und schließlich noch etwas. Klar?«

Fragen nach dem »Warum« hinterlassen bei den Leuten einen schlechten Nachgeschmack.

Fragen nach dem »Was« geben ihnen ein gutes Gefühl.

Fragen nach dem »Warum« sind der Tod jedes Gesprächs.

Fragen nach dem »Was« bringen einen Schritt weiter.

Fragen nach dem »Warum« wirken beklemmend.

Fragen nach dem »Was« entschärfen kritische Situationen.

## Abschätzige Bemerkungen

Abschätzige Bemerkungen wie »Na toll« oder »Echt mies« und »Absolut schwachsinnig« blockieren jedes Gespräch und verstärken die angespannte Lage.

Abschätzige Bemerkungen enthalten Adjektive, die bei den anderen ein schlechtes Gefühl hinterlassen.

Abschätzige Bemerkungen sollten im Wörterbuch für Beziehungen gar nicht auftauchen.

Die Menschen werden damit nicht fertig.

Sie selber mögen sie ja auch nicht.

Keiner tut das.

Niemand läßt sich gern abschätzig beurteilen.

Beurteilungen und abschätzige Bemerkungen erzeugen Spannungen und sind destruktiv.

## Sachliche Feststellungen

Wer von einem anderen eine sachliche Feststellung serviert bekommt, fühlt sich nicht gleich angegriffen.

Sachliche Feststellungen erleichtern ein Gespräch.

Sachliche Feststellungen wie »Das hat mir gut getan« und »Das hat mir weh getan« oder »Dabei bin ich mir doof vorgekommen« sind in Ordnung.

Sachbeschreibungen enthalten Adverbien.

Sie können mit einer sachlichen Beschreibung konfrontiert werden, ohne sich dabei schlecht zu fühlen.

Für alle anderen Leute gilt dasselbe.

Sachliche Beschreibungen schaffen eine neutrale, spannungsfreie Atmosphäre, in der Informationen ausgetauscht werden können.

Sachliche Bemerkungen wirken wie Katalysatoren und fördern Gedankenaustausch und Gespräche.

## Leitfaden für Fragen

Fragen Sie »Was?« und nicht nach dem »Warum«.

»Du kommst zu spät. Was ist passiert?«

»Das Auto wollte nicht mehr.«

»Warum kommst du zu spät?«

»Weil ich ein schrecklicher Mensch bin. Weil ich persönlich versagt habe und eigentlich erschossen werden sollte.«

Die eine Frage erwartet eine neutrale, realistische Beschreibung, während die andere eine Beurteilung von inneren Werten geradezu herausfordert.

»Der Verschluß von der Zahnpastatube ist weg. Was ist damit passiert?«

»Ich habe vergessen, ihn wieder draufzuschrauben. Entschuldigung.«

Prima.

»Warum fehlt der Verschluß von der Zahnpastatube?«

»Weil ich ein schrecklicher Mensch bin. Weil ich persönlich versagt habe und eigentlich erschossen werden sollte.«

Einfach grauenvoll.

## Guter Dinge oder am Boden zerstört

Fragen mit »Was?« vermitteln Informationen und mildern aufgestauten Ärger. Und dabei fühlt sich auch unser Gegenüber wohl.

Fragen nach dem »Warum?« wirken endgültig und beklemmend. Hinterher ist unser Partner am Boden zerstört.

Auf lange Sicht unterscheiden sich die beiden Varianten dadurch, daß sich mit der einen die Lage entspannt und Gespräche ohne Vorurteile möglich sind, mit einem Wort durch langfristige Beziehungen.

# Gefühle gehören nicht auf die Goldwaage

Wer seine Gefühle beschreibt, statt sie zu bewerten, leistet einen wichtigen Beitrag zum Abbau von Spannungen. Wer seine Gefühle bewertet, hinterläßt bei sich selbst und bei anderen Leuten einen schlechten Nachgeschmack.

Achten Sie mal auf den Unterschied zwischen:

»Das tut mir weh.«

Und:

»Das ist schlecht.«

Die eine Bemerkung beschreibt, wie Sie sich fühlen, und das erleichtert ein Gespräch und entspannt die Lage. Die andere besteht aus einem Werturteil und blockiert jedes weitere Gespräch.

Wer seine Gefühle beschreibt, antwortet damit indirekt auf Fragen mit »Was?«.

Damit informieren Sie Ihr Gegenüber.

Wer aber seine Gefühle bewertet, antwortet auf Fragen nach dem »Warum«.

Und solche Fragen hinterlassen bei den anderen ein schlechtes Gefühl.

Da ist es doch wirklich besser, wenn die Leute sich wohlfühlen.

## Unglückliche Paare

Wenn unglückliche Paare an ihren Beziehungen herumbasteln, stellen sie Fragen mit »Warum?« und erzeugen dadurch Spannungen.

Glückliche Paare fragen nach dem »Was« und erhalten eine realistische Beschreibung. Ende der Krise in Sicht. Unglückswürmer zerbrechen sich den Kopf darüber, wie und warum sie etwas tun.

Glückliche Paare fragen einfach »Was ist?« und kommen damit weiter.

Beziehungen können Minenfelder oder kleine Paradiese sein. Der Unterschied liegt in der Art der Gespräche. Die einen verwenden Beschreibungen, die anderen werten nur.

# Regel fünf

## Geben Sie Ihr Geld nicht aus der Hand!

Wer in einer Partnerschaft die Kontrolle über das Geld besitzt, kontrolliert damit auch die Beziehung.

Deshalb sollte man gerade in einer Partnerschaft sein Geld nicht aus der Hand geben.

Denken Sie mal darüber nach.

Die Kontrolle über das Geld ist der Schlüsselpunkt jeder Beziehung.

Wer das Geld kontrolliert, kontrolliert auch die Beziehung. Denn wer die Kontrolle darüber hat, wie das Geld ausgegeben wird, hat auch die Macht.

...also um ganz ehrlich zu sein, wäre es uns lieber, wenn Sie die Formel „...bis daß der Tod euch scheide" zeitgemäß abändern würden in „...bis daß das Geld euch scheide"...

## Geld ist aller Krisen Anfang

Fünfzig Prozent aller Beziehungsprobleme drehen sich um das liebe Geld.

Geld ist vielleicht nicht alles, aber in Beziehungen ist es eine wesentliche Ursache für Spannungen und Konflikte.

Andererseits ist es eine wahre Energiequelle, um langfristige Beziehungen erfolgreich am Laufen zu halten.

Setzen Sie also Ihr Geld sinnvoll ein.

Lassen Sie sich die Macht und die Kontrolle über Ihre partnerschaftlichen Beziehungen nicht nehmen.

Behalten Sie die Kontrolle über das Geld und damit auch die Macht.

Ihnen selbst zuliebe.

Das gilt für beide Partner.

## Machen Sie halbe-halbe

Gleiches Einkommen für beide Partner durchzusetzen, liegt außerhalb Ihrer Macht.

Aber Sie können sehr wohl mitbestimmen, daß es zu gleichen Teilen ausgegeben wird.

Legen Sie die Hälfte des gemeinsamen Einkommens auf einem Bankkonto an und die zweite Hälfte auf einem anderen.

Vereinbaren Sie zwei Konten und verteilen Sie das ganze Geld zu gleichen Teilen darauf.

Anschließend bestreiten Sie alle Ausgaben von beiden Konten, und zwar genau halbe-halbe.

Damit haben Sie das alleinige Verfügungsrecht über Ihr Konto, und Ihr Partner über seines.

Einigen Sie sich über alle grundsätzlich anfallenden Kosten und begleichen Sie die Rechnungen dann über beide Konten, und zwar wieder genau halbe-halbe.

Der Rest ist Ihre Privatsache.

## Tips fürs Geldausgeben

Ihre Geldhälfte sollten Sie ganz nach Belieben ausgeben.

Und Ihr Partner ebenso.

Nach Abzug aller regelmäßig anfallenden Kosten, die auf die Mark genau geteilt werden, haben Sie dann beide die Kontrolle über das restliche Geld.

Und zwar unabhängig voneinander, völlig gleichberechtigt und uneingeschränkt.

Auf die Art und Weise behalten Sie beide Ihre Machtposition in der Beziehung.

Wenn in Partnerschaften das Thema Geld zur Diskussion steht, dann darf es unter keinen Umständen nach dem Motto »Gierschlund und Raffke« gehen.

Verteidigen Sie Ihre Position gegen jeden faulen Kompromiß.

Kontrollieren Sie *Ihr* Geld bis zum letzten Pfennig.

Das gilt für Sie beide.

# Regel sechs

## Trauen Sie dem Frieden nie!

Zerbrechen Sie sich ruhig den Kopf.

Wenn's geht, sogar ein bißchen mehr.

Aber um Himmels willen nicht über ungelegte Eier.

Zerbrechen Sie sich nicht den Kopf über mögliche Geldprobleme und drohende Arbeitslosigkeit oder darüber, daß ein Familienmitglied krank wird.

Grübeln Sie nicht über Ihr Sexualleben nach oder darüber, wie glücklich Sie in Ihrer Beziehung sind und welche Punktzahl die Zärtlichkeiten Ihres Partners erreichen.

Denken Sie auch nicht ständig darüber nach, ob sich Ihre Wünsche tatsächlich erfüllt haben: eine märchenhafte Liebe, wie sie von Kino und Fernsehen ständig suggeriert wird, eine erfüllte und perfekte Beziehung im Breitwandformat.

Es sind die kleinen Dinge, über die Sie sich wirklich Gedanken machen sollten.

Denn sie sind es, die unsere Beziehungen im Laufe der Zeit zerstören.

Mit dramatischen Katastrophen und großen Unglücksfällen werden Sie fertig, sogar mit dem Tod.

Aber die kleinen Dinge werden Sie zu Fall bringen, wenigstens manchmal.

Das heißt, wenn Sie es zulassen.

Der Kleinkram ruiniert die meisten Beziehungen.

Deshalb: Trauen Sie dem Frieden nie!

# Die vergessenen kleinen Zeitbomben

Die Kleinigkeiten, die wir so gern unter den Teppich kehren, sorgen dafür, daß der Spannungspegel im Laufe der Zeit steigt und unsere Beziehungen kaputt gehen.

Also behalten Sie den Kleinkram sorgfältig im Auge, denn daraus werden immer die größten Brocken.

Große Katastrophen, Unglücks- und Todesfälle lassen sich überstehen, aber nur mit Mühe die Zahnpastatube, die Tag für Tag nicht zugeschraubt wird.

Wenn der Toilettendeckel oft genug offen bleibt, kann Sie das zum Wahnsinn treiben.

Und mit dem Kleiderhaufen auf dem Fußboden nimmt es ein tragisches Ende.

Wenn sich die Lage entspannen soll, dann stehen die kleinen Dinge an erster Stelle.

Es sind die selbstverständlichen Details des Alltags, die unsere langfristigen Beziehungen am Leben halten.

## Garantiert tödlich

Wenn Sie auf die kleinen Dinge nicht achten, die Ihren Partner zum Wahnsinn treiben, werden Sie am Ende der Gelackmeierte sein.

Denn genau die Kleinigkeiten machen auch Sie verrückt.

Sie führen zu verstärkten Spannungen und zerstören damit Ihre Beziehungen.

Achten Sie auf die winzigen Details des Alltags.

Der Kleinkram – und wie Sie damit fertig werden – entscheidet darüber, wie lange Ihre Beziehung hält.

Geben Sie sich ein bißchen Mühe.

Stellen Sie sich auf die kleinen Wünsche Ihres Partners ein. Achten Sie auf seine kleinen Bitten, und verlieren Sie den Kleinkram nicht aus den Augen.

# Kleine Aufmerksamkeiten

Vergessen Sie auch die kleinen Aufmerksamkeiten nicht.

Versuchen Sie's mal mit einem unerwarteten Kuß auf die Wange.

Oder mit der Bemerkung: »Du siehst heute aber gut aus.«

Machen Sie mal aus heiterem Himmel ein Kompliment.

Menschen in erfolgreichen Beziehungen heben Kleinigkeiten positiv hervor und geben so ihrem Partner ein gutes Gefühl.

Seien Sie aufmerksam und machen Sie auch einmal eine nette Bemerkung über etwas Nebensächliches.

Denn so nebensächlich ist das gar nicht.

Nehmen Sie die Kleinigkeiten zur Kenntnis.

Sagen Sie etwas Nettes – egal was.

Mit Komplimenten lassen sich Situationen besser entspannen.

Die täglichen charmanten Gesten, die uns keinen Pfennig kosten, sind eine solide Grundlage, auf der sich langfristige Beziehungen mit Erfolg aufbauen lassen.

Cynthia Heimel

# Sex-Tips für Girls

Aus dem Amerikanischen von Gabriele Becke
Goldmann-Taschenbuch 21012

Cynthia Heimel ist in Amerika als streitbare feministische Autorin der Underground-Blätter »Village Voice« und »SoHo Weekly News« bekannt geworden. »Sex Tips for Girls« ist ihr erstes Buch, das sofort zum Klassiker wurde. Eine Parodie auf alle «Wie werde ich...«-Anleitungsbücher und gleichzeitig *das* Handbuch zum Überleben in diesen verwirrenden psycho-sexuellen Zeiten.

»Sex Tips für Girls von Cynthia Heimel sollte jede Frau in die Hand nehmen, die nicht schon völlig mit dem Leben und den Männern abgeschlossen hat, und ich garantiere ihr, daß sie das Buch sofort von vorne bis hinten gierig durchlesen wird.«

*Betty Barclay, »PFLASTERSTRAND«*

# Goldmann Verlag

*Libby Purves*

# Die Kunst, (k)eine perfekte Mutter zu sein

Aus dem Englischen von Eva Malsch
Goldmann-Taschenbuch 11500

»Perfekte« Mütter lächeln fröhlich, führen einen untadeligen Haushalt, basteln Drachen aus Papierservietten, lesen Bücher über Kindererziehung, sprechen nie mit lauter Stimme.

»Richtige« Mütter haben Fettflecken auf dem Pullover, bringen nichts zu Ende, was sie angefangen haben, humpeln, weil sie ständig auf Bauklötze treten, lesen in aller Ruhe romantische Romane, schreien auch mal vor Erschöpfung.

In ihrem respektlos-amüsanten und zugleich sehr hilfreichen Buch räumt Libby Purves, selbst Mutter von zwei Kindern, mit dem Mythos Mutter auf. Nach jahrelangem Nachräumen, Aufheben, Wegputzen (und Zähneknirschen) hat sie die nötige Gelassenheit erreicht, um mit Kindern richtig umzugehen und darüber auch noch ein Buch zu schreiben. Mit sprühendem Humor gibt sie hier ihre Erfahrungen weiter.

Ein Leitfaden für Mütter an »vorderster Front« – mit vielen praktischen Ratschlägen und heiteren Anekdoten.

# Goldmann Verlag